Renier-Fréduman Mundil

Ostern
Gedichte zur
Osterzeit

AF286037

Renier-Fréduman Mundil

Ostern

Gedichte zur
OstERzeit

Impressum

Bibliografische Information der Deutschen Nationalbibliothek:
Die Deutsche Nationalbibliothek verzeichnet diese Publikation in der Deutschen Nationalbibliografie; detaillierte bibliografische Daten sind im Internet über http://dnb.dnb.de abrufbar.
© 2024 Renier-Fréduman Mundil
       Viola Hartmann
Covergestaltung: Dan Winkler
Herstellung und Verlag: BoD – Books on Demand, Norderstedt

ISBN: 978-3-7583-2639-4

Gewidmet

Meinem Bruder Andi,

Dessen Glauben,

Wie

Mit Händen so klar

Zu schauen

War.

Einleitung Ostern – oder der Versuch, etwas Langes, Unfassbares kurz zu fassen.

Nach einer Umfrage verbindet nur noch etwas weniger als die Hälfte aller Deutschen Ostern mit der Auferstehung Jesu Christi und der Verheißung des ewigen Lebens für alle Menschen. Am Gründonnerstag der ersten Ostern fanden das letzte Abendmahl und die Ereignisse im Garten Getsemani statt, am Karfreitag Leiden und Tod Jesu am Kreuz, am Samstag die Grabesruhe (wo war Jesus, nicht sein toter Körper, an diesem Tag?) und am Ostersonntag die Auferstehung des Herrn.

Diese Ereignisse fielen mit dem wichtigen jüdischen Pessach- oder Passahfest zusammen (Erinnerung an den Auszug der Israeliten aus Ägypten) und es entstand die zeitlich und inhaltlich innige Verbindung zwischen Ostern und Pessach. Zum Pessachfest wurden im Tempel Lämmer geopfert, schon viele hunderte von Jahren im Voraus ein Hinweis auf den Opfertod Jesu, der unter anderem als Lamm Gottes bezeichnet wird.

In vielen Sprachen findet sich im dortigen Begriff für Ostern noch die Beziehung zum

Pessach, Deutschland ist mit der Bezeichnung Ostern da eher die Ausnahme; zum Glück gibt es das Plattdeutsch, dort heißt Ostern Paasken und erinnert (wie in vielen anderen Ländern) auch sprachlich an das Passahfest.

Religion ist viel mit Symbolik verbunden, auch bei den Zahlen. 40 spielt eine wichtige Rolle. Das Volk Israel zog 40 Jahre durch die Wüste, Christus fastete 40 Tage vor Beginn seiner Wandermission, 40 Tage nach Ostern fuhr Jesus wieder in den Himmel auf (Feiertag: Christi Himmelfahrt). Somit beginnt mit Ostern eine 50-tägige Freudenzeit bis zum Pfingstfest.

Da Ostern und Pessach zusammenhängen und der jüdische Kalender ein Mondkalender ist, wurde im ersten Jahrtausend nach Christi Geburt von der damaligen Kirche festgelegt, dass Ostern immer auf den ersten Sonntag nach dem ersten Vollmond nach Frühlingsbeginn fällt. Einfacher ausgedrückt: Wir warten zunächst auf den Frühlingsanfang. Danach warten wir auf den ersten Vollmond. Und nach dem ersten Vollmond warten wir auf den darauffolgenden Sonntag und landen auf den Ostersonntag.

Die Urchristen begrüßten sich zu Ostern auch nicht mit Hallo, guten Morgen oder Ähnlichem sondern mit: „Christus ist auferstanden!" und der Erwiderung „Er ist wahrhaftig auferstanden!"

Das führt zur anderen Seite von Ostern, zu den Gebräuchen zum Osterfest, der Seite von Ostern, die offensichtlich die etwas größere Hälfte der Deutschen vorrangig mit dem Osterfest assoziiert: Osterhasen, Ostereier und viele andere Osterbräuche wie zum Beispiel die Osterfeuer. Und damit versucht diese kleine Einleitung zu Ostern zu enden. Vielleicht surfen Sie einmal unter Osterbräuche (besonders wenn Sie noch Kinder in der Familie haben) und suchen sich einen geeigneten für sich und Ihre Familie. In vielen Gegenden gab oder gibt es zum Beispiel das Eiertrudeln. Jeder lässt ein Osterei einen Hügel (oder einen verkehrsfreien abschüssigen Weg) hinabrollen. Gewinner ist, dessen Ei am weitesten rollt und dabei die Schale unversehrt bleibt. Wenn Sie Abwechslung lieben, können Sie zu jedem Ostern einen anderen Brauch ausüben, derer gibt es mehr, als ein Menschenalter Osterfeste zählt. Wenn Sie zu der ersten angesprochenen Gruppe gehören, die Ostern zuerst mit Jesus Christus und Auferstehung verbinden und ein wenig Mut besitzen, dann begrüßen Sie doch mal einen (oder je nach Größe des Mutes alle) Menschen am Ostersonntag mit den Worten: „Christus ist auferstanden.!" Vielleicht begegnet Ihnen ein Kopfschütteln, vielleicht ein fragender Blick, ob mit Ihnen alles in Ordnung ist. Vielleicht aber werden Sie mit den Worten zurückgegrüßt: „Er ist wahrhaftig auferstanden!"

Er ist wahrhaftig auferstanden! Denn das ist Jesus wirklich, welchen Sinn würde sonst die etwas provokante Frage haben: Tod, wo ist dein Stachel?

In diesem Sinn ein frohes, lebendiges Ostern!

PS: Dieser Band enthält 43 Gedichte zu Ostern, wenn Sie an der Symbolik hängen (siehe Hinweis zur Zahl 40) können Sie selbstverständlich nach dem 40. Gedicht den Buchdeckel schließen. Aber in der Zahl 43 steckt neben der Zahl 40 auch die Zahl 3, die Zahl 3 ist ebenso symbolträchtig, sodass sie auch unter diesem Gesichtspunkt das Buch zu Ende lesen können.

Auch in diesem Sinne noch einmal ein frohes lebendiges Ostern!

1.
Tragende Kreuze

Herr, Du hast dies Jammertal
Aus Not und Leid selbst durchschritten.
Hast die Schmerzen, jede Qual
Für uns einst am Kreuz erlitten.
Jeder hat (s)ein Kreuz zu tragen,
Doch Du stützt uns jedes Stück.
Trotz der Klagen
Führst Du uns zu Dir zurück.

Wenn der Weihnachtsmann sieht,
Was zu Ostern geschieht,
Dann bringt er bestimmt beim nächsten Mal
Nur noch die halbe Geschenkezahl.

2.
Freude über die Unendlichkeit hinaus

Ostern.
Jeder Stern
kam,
Um am
Auferstehungstag dabei zu sein.
Das sich Freu'n
Wird kein Ende haben.
Die Qualen
Des Todes auf ewig besiegt,
Wird das Danklied
Für den Herrn erklingen,
Sich auf Schwingen
Für alle Ewigkeiten
Auf jedem Stern ausbreiten.
Stern für Stern wird zurückkehren,
In jedem
Kleinstem Winkel der Unendlichkeit
Die neue Zeit,
Das Überwinden
Des Todes zu verkünden.

***

Nach jedem Endpunkt steht ein Anfang.

***

3.

Ostergeburt

Ostern,
noch schwieg der Lärm
Vom Alltag.
Nur im Grab
War die Stille zu Ende.
Die Hände
Der Engel hatten den Stein zurückgesetzt
Und jetzt
Schien die Sonne aus der leeren Höhle.
Jede Seele
Wird jetzt auferstehen,
Dem zu begegnen,
Der den Tod überwand.
In Seiner Hand
Die Nägelmale berühren,
Wird Tränen verlieren
Ob der eigenen Schuld.
Doch die Geduld
Des Herrn
Wird uns lehr'n,

Dass Er jedem
Vergeben
Wird,
Der sich selbst verliert
Und wie ein Kind
Das Leben neu beginnt.

***

Gedanken
Müssen ranken.
In welche Richtung ist vielleicht
Gleich.

***

4.
Herrscher über allem

Über allen Ostersternen
Ein Gott.
In allen Fernen
Göttliches Wort,
Das ewig ist.
Die Welten werden sich beugen,
Um allen zu zeigen,
Wie herrlich Du bist.

***

Brauchen Gedanken
Schranken?

***

5.
Zwischenstation

Jeder Schritt, jeder Stockhieb
Trieb
Die Dornenkrone tiefer in Sein Haupt.
Auf einem Hügel erbaut
Stand das Kreuz,
Das Holz feucht,
Der Baum noch nicht lange tot.
Alle waren fort,
Selbst die Jünger,
Die ihm immer
Gefolgt waren.
Nur zwei Verbrecher haben
Ihn nicht allein gelassen.
Er trug alle Strafen,
Die von unseren Sünden kamen.
Bald würde Er in den Himmel auffahren,
Wohnungen für die zu bauen,
Die auf Ihn ewig vertrauen.

***

Kann
Man
Sich wandeln,
Ohne zu handeln.

*****

6.
Das schmiedende Mahl

Bei jedem Abendmahl
Wiederholen wir die Wahl,
An Seiner Seite zu bleiben
Und niemals von Ihm zu scheiden.

Bei jedem Abendmahl
Wiederholt sich die Wahl,
Immer an Seiner Seite zu bleiben
Und Er wird nie von uns weichen.

***

Alles was steht
Bewegt
Sich leider
Passiv weiter.

***

7.
Kern-Ei

Ostern,
Der Lebenskern
Liegt in einem Ei.
Weil
Es unscheinbar ist,
Vergisst
Man, dass in jedem
Ein komplettes Leben
Steckt.
Einmal aufgeweckt,
Kann aus jedem
Ei etwas Großes entstehen.

***

Die Himmelswerkstatt
Hat
Keinen 8-Stunden Tag.

***

8.
Aufgebrochenes Schweigen

Ostern.
Der Lärm
des Lebens schwieg.
Auch das Grab blieb
Verschlossen.
Alles Hoffen
Schien vergebens.
Sein Leben
Hatte Er niedergelegt.
Unbewegt
Ruht der Stein vor dem Grab.
Die neue Woche naht,
Und so ein Leben ohne Ihn.
Doch plötzlich flieh'n
Die Wachen.
Engel schaffen
Den Stein beiseite.
Voller Freude
Sehen die, die unverzagt
Trotzdem jeden Tag
An Seine Auferstehung glaubten.

Sie schauten
Den lebendigen Herrn.
Bevor Er zum Vater zurückkehr'n
Wird,
Führt
Sein Weg noch ein Stück gemeinsam
Über die Erdenbahn.

***

Am Ende vom Sein
Ist jeder allein.
Warum sollte es beim Herrn anders sein?

*****

9.
Kernwandel

Ostern
Wandelt sich der Kern
Des Glaubens
Vom Vertrauen
Ins Schauen
Und wir bauen
Unser Leben
Jetzt auf das Sehen
Und das Verstehen.

***

Der letzte Tag
Endet nicht immer im Grab (Sarg).

***

10.
Ostergeneralprobe

Lazarus:
Jeder hat gewusst,
Dass Er tot war.
Was geschah,
Als Jesus kam?
Er nahm
Sich Zeit.
War das Leid
Für Ihn als König
Noch zu wenig?
Wollte Er den Glauben
Schauen,
Im Angesicht des Unmöglichen?
So wird Er unsere täglichen
Hoffnungen nehmen,
Sie zum Leben
Auferwecken,
Da sie im Grab der Sorgen stecken.

***

Wer sieht,
Wie eine Rose blüht
Und denkt,
Der Zufall lenkt
Diese Welt,
Der hält
Es am besten,
Und fragt die Rose nach dem Rechten.

*****

11.
Auferstehung der Natur - Ein Gleichnis

Die Welt ist auferstanden
Aus ihrem Winterschlaf.
Auf grüngestrichenen Landen
Blüht jetzt die Blumenschar.

Die Bäume aufgesprungen
In weißer Blütenpracht.
Der Wintersturm verklungen,
Sonne am Himmelsdach.

Die Blätter saugen Leben
Aus ewig junger Erd'.
Sie wird es endlos geben,
Umsonst sie es gewährt.

Die Welt ist auferstanden
Der Winter fortgewischt.
Die Blumen wieder fanden
Das ew'ge Lebenslicht.

***

Im Osterlicht
Zerbricht
Das Leid
Der Endlichkeit.

***

12.
Osterfrage

Herr, wo warst Du,
Als ein Stein
Das Grab zu-
Schloss und Dein
Angesicht
Nicht mehr
Als Licht
Das Heer
Deiner Gefolgschaft überstrahlte.
Nachdem der Hohe Rat
Das Blutgeld bezahlte
Für Judas Verrat.
Die drei Tage,
Als die Erde
Unentwegt klagte
Und Deine Fährte
Im dunklen Grab verschwand,
Bevor am Auferstehungstag
Deine heilende Hand
Den letzten Betrag
Für alle Sünden beglich

Und fortan
Das Licht
Wieder vom fernen Himmel kam.

***

Wir leben um zu sterben
Und sterben um zu werden
Und durch das Sterben durch ihn allein
Ewig und endlos glücklich zu sein.

***

13.
Erschriener Tod

Karfreitag:
Das Grab
War noch leer,
Hatte dennoch seinen Rachen
Gewaltig aufgerissen, wie die Massen:
Erst aus Jubel
Legten sie selbst kostbare Gewänder
Für den Esel,
Auf dem der Herr ritt,
Auf die Straßen.
Jetzt drangen
Hass und Zorn aus ihrem
Vibrierenden
Schlund.
Auch der Herr öffnete seinen Mund,
Doch die Antwort blieb den Ohren versagt.
Den Sühneakt
Musste Er mit eigenen Händen
Zuletzt und allein vollenden.
Danach bringen Freunde den toten Leib

hinab
Ins vom Tod unberührte Grab.
Doch am Ende stand
Die Auferstehung und Sein Himmelsgang.

***

Die sieben verborgenen Siegel
Interessieren am meisten an der Bibel,
Denn was offenkundig,
Ist zu schwer mundig.

***

14.
Ur-Ostern

Er ist auferstanden,
Deshalb fanden
Sie das Grab
Am Ostertag
Verlassen.
Zwei Engel wachen
An der Grabstelle.
Ihre Helle
Blendet die Augen,
Die dem Gesehenen nicht trauen.
Als sie die Höhle verließen
Stießen
Sie auf einen Mann.
Dann
Erzähl, wohin haben sie Ihn gebracht?
Als wenn Er fast ein wenig lacht,
Sieht sie der Fremde an.
Dann
Wurden sie von der Fremdheit
Befreit.

Sie erkennen,
Den sie den Herrn nennen.
Es war geschehen,
Wie es jedem
Angekündigt worden war:
Das erste Ostern war da!

***

Seit dem ersten Tage
Macht die Lebensfrage
Nach dem Woher, Warum, Wohin
Nur mit Glauben einen Sinn.

***

15.
Erfragter Osterhase

Der Osterhase
Muss seine Nase
Überall reingesteckt haben.
Sein Kragen
War jetzt bestimmt schwarz
Und vor Dreck erstarrt.
Wie ich noch darüber nachdachte,
Lachte
Mama plötzlich über Papas schwarzen
Kragen.
Da wurde ich mir im Klaren,
Irgendwann
Werde ich als Mann
Auch ein
Osterhase sein,
Und insgeheim hoffen,
Nicht getroffen
Zu werden
Von unangenehmen schweren
Fragen,
Die eben alle Osterkinder plagen.

***

Nach dem Osterwagen
Wird man das Beste
Der guten Vorsätze
Auf's nächste Jahr vertagen.

***

16.
Osterspaziergang

Eine unsichtbare Hand
Hatte die Welt geschmückt.
Jeder Blick
Traf auf bunte Farben.
Die Bäume waren
Noch lindgrün.
Die langen Müh'n
Des Winters war'n vergangen.
Überall fanden
Sich zwei Leben zusammen,
Und kamen
Mit neuem Leben zum Vorschein.
Das Sein
Hatte wieder den Tod besiegt.
Das ewige Glück
Des Lebens war neu geboren,
Der Tod hatte das Ringen auf immer
verloren.

***

Unser Wissen
Über das eigene Gewissen
Ist meist nicht sehr beflissen.

***

17.
Das größte Geheimnis

Wir können im Leben
Über Getsemani lesen
Oder darüber reden,
Aber es ist uns nicht gegeben,
Es auch nur ansatzweise zu verstehen.

***

Wenn wir uns besinnen
Und beginnen,
Nicht mehr um die Gunst
Anderer zu ringen,
Dann
Fängt für uns
Ein neues Leben an.

***

18.
Das ostrige Mahl

Beim Abendmahl
Können wir die Qual
Von Getsemani etwas erahnen,
Warum unsere Vorfahren
Alles gaben,
Um daran teilzuhaben.

***

Für jede
Seele
Ist das Weinen
Ein Entkleiden,
Um zu sein.

***

19.
Erlösender Himmel

Hinter allen Sternen
Ein Gott.
In weiten Fernen
Himmels Ort,
Der ewig bleibt.
Die Engel werden uns leiten.
Ewig die Zeiten
Ohne ein Leid.

***

Wir verkünden,
Niemand kann den Tod überwinden
Ohne beim Herrn
Einzukehr'n.

***

20.
Osterspaß

Der Gänsebraten
Würde zum falschen Hasen geraten.
Die Osterglocken
Kleideten sich in warme Socken.
Der Fliedertraum
Würde zum rosa Weihnachtsbaum.
Die Coronaepidemie
Träfe im Stall das Vieh.
Der Weihnachtsschlitten
Rutschte auf weißen Osterblüten.
Doch die Industrie sieht
Nur noch den halben Profit,
Deshalb wird's dieses Leben
Nie und nimmer geben.

***

Dass einst die Schatten fliehen
Hat sich mein Herz erhofft.
Das Enden aller Mühen,
Dass neuer Segen lockt.

***

21.
Ostige Trauer

Alle Sterne werden weinen,
Der Mond drei Tage lang erlischt.
Mit Schatten wird sich alles kleiden,
Wenn selbst die ew'ge Zeit zerbricht.

O du meine Seele,
Wehe
Mir.
Wofür
Wird alles reichen,
Was deine bleichen
Gedanken zusammengetragen
Haben?

Alle Sterne werden trauern,
Da jede Träne leis zerbricht.
Endlos lange wird es dauern,
Vergangen selbst das Sternenlicht.

***

Die Kinder werden uns fragen,
Warum zu den Ostertagen
Der Himmel so nah ist,
Bis ihn jeder wieder schnell vergisst.

***

22.
Geteilte Ostern

Zu Ostern erblicken
Tausende Küken
Das Licht der Welt.
Doch die Hälfte fällt
Leider
In einen Zerteiler,
Weil der Profit
Bei männlichen Küken keinen Sinn ergibt.

***

Durch's Leben
Zu schweben,
Ist nur den Vögeln gegeben.

***

23.
Über Sternen

Über allen Sternen
Ein Gott.
Nach allem Sterben
Gottes Wort,
Das Leben schenkt.
Die Himmel werden sich auftun,
Enden das Ruhen,
Ewig Er lenkt.

***

Zu Ostern spricht
Nur das Licht.
Es erhellt
Die ganze Welt.

***

24.
Das Größte

Getsemani
War wie
Ein versunkener Schatz.
Der Hinrichtungsplatz
Ein verblichener finsterer Schatten,
Sonnenstrahlen hatten
Ihn verschlungen.
Seine Wunden
Waren nach dem Auferstehen
Noch immer zu sehen.
Die Grabhöhle
War die Quelle
Vom Lebenssieg.
Die Dunkelheit blieb
Im Erdboden.
Vom Himmel oben
Lächelte Sein Vater stolz.
Er war das einzige Holz,
Das ihm vollkommen glich.
Er hatte sich nicht
Getäuscht.

Sein Sohn hatte erreicht,
Wozu niemand imstande war:
Der ewige Sieg über den Tod war da.

**

Herr,
Lehr
Mich,
Sich
Nur über die Wunden
Und nicht über die gesunden
Narben
Zu beklagen.

***

25.
Weihnachtliches Ostern

In der Ferne

Sangen die Sterne

Wieder

Ihre alten Weihnachtslieder.

Seit Jahrtausenden

Schauten

Sie auf die Welt, doch so erhellt

Und derart voll Glück

Hatten sie die Erde nie erblickt.

Ihre Sorgen,

Was sie antworten

Sollten, würden sie nach Ostern gefragt.

Karfreitag

Ließ sich nur schweren

Herzens erklären,

Auch wenn die Weihnacht

Scheinbar nur strahlt und lacht,

Hat sie uns trotz aller Pracht

Auch den Karfreitag gebracht.

***

Die Osterzeit
Bringt
Das helle Kleid
Vom Frühling.

***

26.
Der erste und letzte Sieg

Ostern!
In den Klostern
Herrschte die Stille.
Der Wille
Gottes hatte das Jahr bestimmt.
Nun besinnt
Sich alles noch einmal mit Macht
Auf die Auferstehungskraft,
Die das Größte von allem war.
Hell und klar
Fielen Sonnenstrahlen
Durch die Waben
Der kleinen Mauerfenster.
Seit gestern
War
Das karge Jahr
Festlich geschmückt.
Der Blick
Richtete sich nach vorn.
Wer im Tod verlor'n
War, würde auferstehen.

Das Leben
Wird Dank Glaube und Liebe
Auf ewig alle Siege
Über die finsteren bösen Scharen
Davontragen.

***

Manche überqueren
Das Leben,
Ohne es zu verstehen.

***

27. Nie? Wieder Getsemani

Getsemani!
Wie
Sehr habe ich schon Trauer verspürt,
Wenn man etwas verliert,
Und kann die Maßen
Deiner Leiden nicht ansatzweise erfassen.

Getsemani!
Wie
Oft wurde mein Hoffen
Schon zerbrochen.
Und nur was Du geschafft,
Gab mir neue Kraft.

Getsemani!
Wie
Viele Tränen
Hat mein Leben
Schon gesehen.
Doch nur Er konnte sie verstehen,
Sie auf sich nehmen
Und für immer auflösen.

***

Viele denken, das Leben
Zu bestehen,
Indem sie am Stuhl kleben.

***

28.
Vom Schauen mit geistigen Augen

Wir werden Getsemani
Nie
Vollständig verstehen,
Denn wir sehen
Nur mit den natürlichen Augen.
Diese schauen
Nur bis zum Vorhang,
Den der Verstand
Nicht zu überwinden vermag
Unser geistiges Auge hat
Die Möglichkeit,
In die Ewigkeit zu schauen.
Doch Ihm zu vertrauen
Ist in diesem Leben
Nur Wenigen gegeben.

***

Wir sollten mehr am Klagen
Und Schuld haben
Sparen.

***

29.
Festschokolade

Zu Ostern trägt Schokolade
Lila Farbe.
Die Schokoladenware
Trägt zu Weihnachten rote Farbe.
An dieser Apartheid
Störte sich noch keine Zeit,
Doch macht sich Unmut breit,
Dann ist es bald so weit
Und als gemeinsamen Nenner
Gibt es lilafarbene Weihnachtsmänner.

***

Eine Osterfeier
Ohne Eier
Ist wie ein Frühling,
Der welkes Laub bringt.

***

30.
Überewige Aussicht

Mir hat der Sonntagmorgen
Die Nacht zum Licht geborgen.
Meine Gedanken
Ranken
Um die Zeit,
Da der Herr über das Kleid
Der Erde geschritten ist.
Herr, wie vermisst
Meine Seele,
Nicht jede
Sekunde dort gewesen zu sein.
Wenn mich mein Wein'n
Dereinst verlassen wird,
Herr, führt
Mich der Weg dann wieder zu Dir zurück?
Wie früher meinen Blick
Auf Dein Angesicht zu legen,
Um auf ewig bei Dir zu leben.

*****

Was uns mit der Vergangenheit verbindet,
Verschwindet
Für uns
Nicht automatisch mit der Zukunft.

*****

31.
Karostern

Karfreitag!
Es kommt der Tag,
An dem, die scheiden,
Im Sterben allein bleiben
Werden.
Niemand wird es bemerken,
Bis ein penetranter Geruch
Das Tuch
Des stillen Todes zerreißt.
Und auch der Letzte weiß,
Was hier geschehen
Konnte, lässt sich nicht mehr verstehen.
Trotzdem lässt sich dem in den neuen
grausamen Zeiten
Kein Ende bereiten.

***

Wenn weiße Schneeflocken
Als Blüten auf den Bäumen hocken,
Dann brauchen
Wir nur Ostern gegen Weihnachten
einzutauschen.

***

32.
Allmacht des Allmächtigen

Der Du alle Menschen kennst,
Alle Sterne sind Dein eigen,
Jeden Du mit Namen nennst,
Trägst für uns selbst jedes Leiden,
Herr, erhöre unser Rufen, (!)
Wenn die Not am meisten drückt, (!)
Alles Suchen
Findet nur bei Dir sein Glück.

***

Ein Traum
Ist nur zum Anschau'n.
Selbst wenn wir ihn nicht loslassen,
Können wir ihn nicht anfassen.

***

33.
Übervolle Leere

Da Er auferstanden
War, fanden
Sie nichts.
Nur das feine weiße Licht
Erinnerte noch an Ihn.
Weiter zu zieh'n
War Seine Berufung,
Um
An geweihten
Himmlischen Plätzen Wohnungen zu
bereiten,
Die Toten aufzunehmen,
Die wieder zum vollständigen Leben
Erweckt werden sollten.
Sie wollten
Den Stein wieder vors Grab schieben,
Um nicht der Lügen
Bezichtigt zu werden.
Jedoch würden hier auf Erden
Nur Wenige Ihm glauben.
Die meisten bauten

Auf das, was sie sahen,
Und verstanden nicht die klaren
Antworten im Licht
Des leeren Nichts.

***

Das Wein'n
Erweicht manchmal das Herz aus Stein.

*****

34.
Kollateralschaden

Zu Ostern wird gemeinhin mehr versteckt,
Als man danach wieder entdeckt.
Auch die Osterschlachten
Erbrachten
Als Kollateralschaden
Verlorene süße Waren,
Die später in der Sonne zerfließen,
Damit auch Bienen Ostern genießen.

***

Im Leben
Wird vieles vergehen.
Doch die Möglichkeit zum Verzeihen
Wird immer bleiben.
Ebenso der Friede
Durch den Sieg der Liebe.

***

35.
Größter Sieg

Da der Herr geboren ist,
Alle Sterne sich verneigen,
Gold'nes Licht vom Himmel fließt,
Allem Seine Macht zu zeigen.
Am Ende steht Getsemani,
Wo Er alle Sünden trägt.
Danach Sein Sieg,
Wenn Er dann zum Vater geht.

***

Krieg!
Nur das Lied
Vom Frieden
Ist geblieben.
Hoffentlich noch nicht zu spät
Für das Gebet.

***

36.
Verschwundenes Licht

Leis zerbricht
Das Tageslicht.
Aus den hellen
Tagesquellen
Steigt
Dunkelheit.
Seit wir zurückdenken,
Wenden
Sich Nacht und Tag.
Wer wagt,
Sich vorzustellen,
Wenn nach einem hellen
Tag nur noch Nächte ohne Sonnen
Kommen?
Dann ist die Natur bereit
Für die Osterkarzeit.

***

Glauben
Die Tauben
Rein wie ein Kind,
Weil sie dichter am Himmel sind?

***

37.

Ferner naher Vater

Herr, der Du das Ende kennst,
Alle Welten sind Dein eigen.
Jeden Du mit Namen nennst,
Deine Liebe ihm zu zeigen.
Wie bin ich so weit gegangen
Müde über diese Welt.
Trotz des Wanken's
Deine Güte mich erhält.

**

Herr,
Lehr
Mich
Mit
Dem Geist zu sehen,
Um das Leben zu verstehen.

***

38.
Bekannter unbekannter Osterhase

Gibt es Osterhasen
Mit kurzen Ohren, langen Nasen?
Mit krummen Rücken
Und Fellhaarlücken?
Mit schiefen Zähnen,
Sieben Leben?
Gibt es sie nur
In der Natur?
Das alles ist egal,
Es gibt sie nur einmal.
Es gibt sie immer dann,
Wenn Papa gerade nicht kann,
Sie lassen's immer bleiben,
Sich zusammen zu zeigen.

**

Herr,
Lehr
Mich durch ein Tal zu gehen,
Und mich dabei auf dem Berg zu wähnen.

***

39.
Gleiche Kraftquelle

Im Ostergrab
Und im Weihnachtstag
Steckt dieselbe Kraft.
Sie schafft,
Den Tod zu bezwingen.
Das Erklingen
Der Weihnachtslieder
Verschafft wieder
Neue Kraft, doch wenn sie verklungen sind,
Beginnt
Der Alltag.
Weihnachten wird als verwelktes Blatt
Still entsorgt.
Jeder Glanz ist fort,
Das Himmelslicht
Ist
Verschwunden.
Sterne gibt es noch zu erkunden,
Doch viele Hüllen sind leer,
Niemand versteht mehr,
Am Himmel die Sternzeichen

Als Offenbarung zu begreifen,
Weder zu Ostern
Noch beim Weihnachtsstern.

***

Reden ist schweres Silber,
Nachdenken das leichte Gold.

***

40.
Perpetuum-Ostern: Das Abendmahl

Beim Abendmahl
War
Jeder still gewesen.
Kein Reden,
Wispern
Oder Flüstern.
Der alte Ölbaum
War zu schau'n,
Dessen Blätter dem Herrn Schatten
Gespendet hatten.
In seiner Rinde waren
Vorausschauend schon die Narben
Der Male eingedrückt,
Als der Schmerz Stück für Stück
Seine Hände in den Baum grub.
Obwohl erst, nachdem Er das Kreuz trug,
Diese Male entstanden,
Fanden
Die Augen keinen Halt mehr.
So sehr
Sie sich auch wehrten,

Unentwegt mehrten
Sich in ihnen die Tränen.
Warum schämen
Wir uns?
Aus Angst vor Missgunst
Seinen Namen zu bekennen?
Und wenden
Ausrede um Ausrede an,
Wenn wir auf unserer Lebensbahn
Auf Erden
Nach ihm befragt werden.
Herr, gib mir auf der Erde
Die Stärke,
Der Rinde vom Olivenbaum
Im Garten Getsemani zu vertrau'n,
Der Zeuge war, als in einem Augenblick
Das Geschick
Vom allerersten bis zum letzten Tag
In Deinen Händen lag.

41.
Größter Sieger

Da der Herr geboren ist,
Alle Sterne sich verneigen,
Gold'nes Licht vom Himmel fließt,
Allem Seine Macht zu zeigen.
Am Ende steht Getsemani,
Wo Er alle Sünden trägt.
Danach Sein Sieg:
Zum Vater Sein krönend' Weg.

***

Das Vertagen
Von Fragen
Macht die Situation fast immer
Schlimmer.

***

42.
Festfusion

Ist der Osterhase
Die männliche Base
Vom Weihnachtsmann?
Sollte man sich dann
Nicht zusammenschließen,
Und beides an einem Tag genießen?

***

Was ich weiß,
Hatte seinen Preis.
Manche haben
Für dieses Wissen ihr Leben gelassen.

***

43.
Himmels(ver)güt(e)ung

Herr, der Du den Sünder liebst,
Grenzenlos ist Deine Gnade.
Der Du uns Vergebung gibst,
Trost uns schenkst für jede Klage.
Müde will ich endlich ruhen,
Jeder Schritt ist nur noch Last.
Alles Suchen
Lohnt am End' ein'n Himmelsplatz.

***

Alles, was lebt,
Bewegt
Sich
Durch das Licht.

***

Inhaltsverzeichnis

Biografie

Ich wurde in Berlin geboren. Nach dem Abitur in Berlin habe ich Medizin in Berlin und München studiert und war nach meinem Studium ca. 40 Jahre in der Medizin tätig. Seit Ende letzten Jahres bin ich berentet. Während meiner Berufstätigkeit habe ich nebenher einige Manuskripte verfasst, ein Jugendbuch, Kinderbücher, einige wenige Romane und hauptsächlich Gedichte. Einige sind seitdem über einen Self-publishing-Verlag veröffentlicht worden.

Neben einer Reihe von Romanen hat der Autor noch weitere Gedichtbände veröffentlicht:

Tortellintauben - TierGdichte für Rwachsene
61 Tiergedichte als Spiegelbild menschlichen Verhaltens, wunderschön von Kinderhand illustriert.

Der erdenkliche Mensch - Das Du im Ich
55 Gedichte, dazwischen Aphorismen, die sich nachdenklich und kritisch mit liebgewonnenen menschlichen Verhalten auseinandersetzen.

Das Moooondschaaaaf (monatlich durch das Jahr)
Für jeden Tag eines Monats ein Gedicht aus Sicht eines auf dem Mond lebenden Schafs, das humorvoll, kritisch, skeptisch und wiedererkennend unsere Erde beäugt; zwischen jedem Gedicht ein Aphorismus; mit passenden lustigen Bildern aus Kinderhand;
bisher erschienen Oktober bis März, die Monate April bis September folgen im Laufe des Jahres 2024; auch als Geburtstagsgeschenk für den passenden Geburtstagsmonat geeignet.

Hinter dunklen Himmelswolken –
Gedichte in Zeiten der Trauer
74 Gedichte über Tod, Sterben, Hoffnung, Zuversicht, das Danach.

101 Weihnachtsgedichtsbäume –
gegen das Poesie-Waldsterben
Über 100 besinnliche, lustige, stimmungsvolle aber auch nachdenkliche Gedichte über die Weihnachtszeit.

In 93 Tagen um den Frühling
93 Gedichte, dazwischen Aphorismen, zu jedem Tag der schönsten Jahreszeit ein Gedicht.

In 90 Tagen um den Herbst
90 herbstliche Gedichte mit unterschiedlicher Stimmung, ein Gedicht für jeden Herbsttag.